天地人

CHAO-HSIU CHEN

VOM GLÜCK DES LANGEN LEBENS

arsEdition

Der Vogel
Fliegt so hoch hinauf
Wie die Luft ihn trägt

Die Wolke
Zieht so rasch dahin
Wie der Wind sie treibt

Der Mensch
Vergisst sein Wesen
Und denkt selten an das Ende

Er fürchtet das Alter
Doch er sucht
Das lange Leben

In dem er
Die Erfüllung findet
Die er Vogel und Wolke neidet

Die Sonne
Versinkt am Horizont
Um als glühende Kugel
Neu geboren zu werden

Der Fluss
Ergießt sich in das Meer
Um als Regen
Neu geboren zu werden

Das Leben
Ist ein Ring
Ohne Anfang
Ohne Ende

Das Leben
Kennt kein »Nie mehr«
Nur ein »Immer wieder«

Ein jeder wünscht sich ein langes Leben,
doch nicht allen ist dieses Glück gegönnt;
denn nicht wir sind es,
die die Dauer des Seins bestimmen.

Ein langes Leben
kann dann glücklich genannt werden,
wenn es einem gelungen ist,
andere darin glücklich gemacht zu haben.

Der Mensch denkt selten an das Ende

NACHDEM YANG-YÜ-Huan, die Lieblingskonkubine des Kaisers Tang-Ming-Huang, völlig unerwartet gestorben war, schien das Leben für den Kaiser keinerlei Sinn mehr zu haben, und er stürzte in tiefe Verzweiflung. Als er jedoch schließlich seinem Sohn die Regentschaft übertrug, entdeckte er im Alter das wahre Lebensglück: Es bestand darin, andere nicht mehr befehligen und nichts mehr anordnen zu müssen.

GE-HANG, EINER der berühmtesten Ärzte Chinas während der Han-Dynastie, hatte schon damals das Geheimnis eines glücklichen langen Lebens entdeckt, als er zu einem Freund sagte: »Wer lange leben möchte, ohne dabei wirklich alt zu werden, muss seinen Darm rein halten.«

Niemand vermag dem Altern

Einhalt zu gebieten;

doch solange unsere Gedanken

ihr Ziel erreichen, brauchen wir

keine Angst zu haben,

das Leben zu verlieren.

Menschen, die niemals aufhören,

anderen zu helfen –

auch wenn sie selbst schon alt sind –,

zeigen uns den Sinn des Lebens.

敬

ACHTUNG

Verschenke
Deinen
Kalender
Und
Deine
Uhr –
Und
Dein
Leben
Wird
Immer
Länger
Werden

Die Blätter
Fallen
Auf dunkles
Erdreich
Um
Dem lichten
Himmel
Entgegenzustreben

In einem langen Leben findet man das Glück nur,
wenn man gar nicht daran denkt.

Die Achtung vor den Ahnen und den Eltern
ist der erste Schritt zum Glück
in einem langen Leben.

Dein Leben wird immer länger

WANN IMMER DER Philosoph Ji-Xiao-Lang, der während der Jin-Dynastie lebte, von seinem Kaiser sprach, nannte er ihn nur den »alten Kerl«. Als er ihn eines Tages bei einem Vortrag in der Kaiserlichen Akademie wiederum so betitelte, trat plötzlich der Kaiser höchstselbst ein und hörte dies. Die Anwesenden fürchteten bereits, der Philosoph würde nun seinen Kopf verlieren, doch Ji-Xiao-Lang wäre kein weiser Mann gewesen, wenn er nicht gesagt hätte: »Ich nenne Euch deshalb einen ›alten Kerl‹, weil ich es Euch gönnte, dass auch Ihr des Glücks des Alters teilhaftig werden könntet und nicht als Kaiser in erstarrten Formen gefangen bleiben müsstet.« Der Kaiser dachte kurz über diese Worte nach und verneigte sich dann vor der Größe der Weisheit.

ALS KONFUZIUS eines Tages mit seinen Schülern an einem Fluss saß, beschwerte sich einer von ihnen über den Schmutz auf dem Wasser. »Ist das Wasser rein, kann ich darin mein Haar waschen«, sagte der Weise daraufhin, »ist es aber schmutzig, genügt es immer noch, um die Schuhe damit zu reinigen. Um dies jedoch zu verstehen, muss man die Erfahrungen eines langen Lebens besitzen.«

Wie viele Dinge häufen wir

in einem langen Leben an!

Und was haben wir am Ende von ihnen?

Glücklich ist derjenige, der weiß,

dass alles nur geliehen ist,

und dafür jeden Tag dem dankt,

der uns seine Gaben zur Verfügung stellt.

Wer einen Samen in die Erde legt,

kann später einen Baum erhalten.

Wer einen Baum pflanzt,

kann später über einen Wald verfügen.

Wer möchte da noch

ein langes Leben missachten?

養

Förderung

Mit den Armen
Der Jugend
Wird die Hoffnung
Umfangen

Mit den Armen
Des Alters
Die Erinnerung

Doch die Erinnerung
Ist die Hoffnung des Gestern

Und die Hoffnung
Die Erinnerung des Morgen

Doch was entsteht
Wenn
Gestern und Morgen
Sich vereinen?

Je länger
Ich lebe
Desto mehr
Verstehe
Ich
Das Leben

Je mehr
Ich
Das Leben
Verstehe
Desto stärker
Liebe ich es

Arbeit, Familie, Selbstverwirklichung.
Was bleibt am Ende eines langen Lebens?
Die Einsicht, dass alles,
so wie es war, gut war.

Es gibt Menschen, die sich so schnell wie eine Kerze verzehren; doch sie entflammen andere. Und es gibt Menschen, die ruhig dahingleiten wie ein breiter Fluss, anderen jedoch immer wieder zur Quelle ihres Handelns werden. Unwichtig, wie lange sie auf Erden verweilen: Durch ihre Taten oder ihre Worte werden sie unsterblich.

Die Erinnerung ist die Hoffnung
von gestern

WENN MEINE GROSS-eltern oder meine Eltern den Tag ihrer Geburt feierten, gab es immer die »Nudeln des langen Lebens« zu essen. Diese waren so lang, dass ich auf einen Stuhl steigen musste, um sie in ihrem vollen Ausmaß bewundern zu können. Diese Nudeln galten als ein Symbol für Langlebigkeit, und es verhieß nichts Gutes, wenn man sie während des Kochens zerbrach. Geschah dies trotz aller Aufmerksamkeit dennoch, machte man sich nichts daraus – schließlich schmecken Teigwaren auch in verkürztem Zustand.

AM ABEND DES NEUEN Jahres pflegen die Chinesen die Wurzeln einer speziellen Spinatsorte mit dem Namen »Gemüse des langen Lebens« zu verzehren. Sie gedenken damit ihrer Wurzeln, nämlich ihrer Ahnen, und lernen auf diese Weise, die Bedeutung eines langen Lebens zu schätzen.

Die späten Jahre des Menschen werden oft

mit dem Sonnenuntergang verglichen.

Doch gerade dieser ist es,

der den farbenprächtigsten und

eindrucksvollsten Himmel schafft.

Beginnen alte Menschen, sich wie Kinder zu benehmen, sollte man sie wie solche lieben. Nur so können die verschiedenen Altersstufen glücklich zusammenleben.

精

GEIST

Wer alt ist
Und nicht aufhört
Anderen zu helfen
Gleicht einer Quelle
Die ohne Ende sprudelt

Doch wer alt ist
Und nur noch
An sich selber denkt
Gleicht einem Staubkorn
Das jedem lästig ist

Und das der Wind
Hinwegträgt
Damit es ja nicht
Wiederkomme

Ich überquere
Die Brücke
Voller Freude
Denn ich weiß
Am anderen Ende
Wartet das Alter
Auf mich

Wir werden tanzen
Und uns im Kreise drehen
Wir werden singen
Und unsere Stimmen werden
Sich vereinen
Zum Gesang
Des langen Lebens

Denn was kann
Stärker sein
Als die Kraft
Der Jugend, die sich
Mit dem Wissen
Des Alters
Verbündet

*Gesundheit, Kinder, Reichtum
gelten als erstrebenswerte Ziele.
Weshalb nicht aber das Alter,
wo es doch vieler langer Jahre bedarf,
um gesund zu bleiben, Kinder zu haben
und reich zu werden?*

Wenn in einem langen Leben
Liebe und Achtung,
Geduld und Verständnis
einander stets begleiten,
dann kann man ein solches Leben
zu Recht ein glückliches nennen.

Überquere die Brücke

IN TAIWAN GIBT es eine Zigarette, die den Markennamen »Langes Leben« trägt. Auch wenn Rauchen schädlich für die Gesundheit ist, zeigt sich in dieser Benennung das Streben des Menschen nach einem langen Leben und seine Hoffnung, vom Glück nicht vergessen zu werden.

JEDE BUDDHISTISCHE Familie hat einen kleinen Buddha-Altar in ihrer Wohnung stehen, der jeden Morgen mit frischen Blumen, Tee und Räucherstäbchen geschmückt wird. Man drückt damit seine Achtung dem Buddha gegenüber aus und erinnert sich gleichzeitig voller Dank seiner Ahnen, wodurch auch zu Bewusstsein gebracht wird, dass ein langes Leben nicht nur eine persönliche Angelegenheit ist, sondern eine Kette, welche die Generationen miteinander verbindet.

Jeder Mensch hat den Wunsch, lange zu
leben, und nur wenige fürchten sich davor,
alt zu werden.
Wer aber das Glück eines langen Lebens
schon erfahren hat, schätzt das Alter und
hat keine Angst vor dem Tod.

Der chinesischen Tradition zufolge trägt man

bei einer Beisetzung weiße Trauerkleidung.

Hat jedoch der Verstorbene

ein sehr hohes Alter erreicht, muss man

rote Kleidung anlegen – wie bei einer Hochzeit –,

denn Alter und Glück gelten als identisch.

ENERGIE

Ein jeder sucht
Den Frühling
Zu verlängern

Und den Sommer

Und den Herbst

Weil es nur
Der Winter ist,
den man
Verkürzen will

Am schönsten aber
Ist
Ein langer Herbst

In dem man
Die Buntheit
Der Welt

Endlich wahrnimmt

Um dann zu erkennen

Dass man nichts
bereuen muss

Außer vielleicht
Zu wenig gelebt
zu haben

Was ist
Das Schöne
An einem
Langen Leben?

Jeden
Augenblick
Zu wissen

Dass
Es dich

Gibt

Ein langes Leben gleicht einem edlen Wein,
der umso kostbarer ist, je älter er wird.

Ist es einfach, lange zu leben?
Nein.
Ist es schön, lange zu leben?
Ja.
Weshalb aber?
Weil man die Möglichkeit hat, sich an den
Ergebnissen seiner Mühen zu erfreuen.
Und haben diese auch anderen geholfen,
ist es noch schöner, lange zu leben.

荷露清响

Das Glück des langen Lebens

DER GROSSE KONfuzius besuchte eines Tages den weisen Lao-Tse, um von ihm mehr über den Sinn des Lebens zu erfahren. »Der Sinn des Lebens«, lachte dieser, auf einem blauen Ochsen sitzend, »ist im Glück des langen Lebens verborgen.« Viele Jahre dachte Konfuzius über die Bedeutung dieser Worte nach. Und er verstand sie – als er selbst alt geworden war.

EIN BETAGTER Chinese, der in größter Bescheidenheit lebte, traf einst seinen Kaiser, der von ihm etwas über das Glück im Alter erfahren wollte. »Du findest es nur dann«, sagte der Alte, »wenn du nichts mehr dein Eigen nennst und keinen Wunsch mehr hast.« Da wusste der Kaiser, dass er niemals das wahre Glück erlangen würde.

Ein jeder sollte hoffen, dass das Leben
seiner Eltern möglichst lange währt, denn
groß ist der Kummer, wenn man ihnen
endlich jene innerliche und äußerliche
Zuwendung zuteil werden lassen könnte,
wie sie es einst mit einem selbst getan
haben, sich aber dann keine Gelegenheit
mehr dazu bietet.

Die Menschen, die Tiere, die Pflanzen –

mit einem Wort –, alle Wesen zu lieben, darin

liegt das Geheimnis eines glücklichen Alters.

神

VERSTAND

Chao-Hsiu Chen wurde in Taiwan geboren, wo sie in den alten Weisheiten des Buddhismus, des Konfuzianismus und des Taoismus unterwiesen wurde. Später studierte sie klassische Musik in Wien und Salzburg. Die fünfsprachige Schriftstellerin, Komponistin, Malerin und Fengshui-Expertin lebt und arbeitet in Rom und München. Ihre Bücher wurden bereits in mehreren Ländern zu großen Erfolgen.

1. Auflage 2002

Layoutgestaltung: Veit-Rost Werbeagentur, Ingolstadt
Herstellung: interConcept, München
Umschlaggestaltung: Bluguy, München
Foto der Autorin: Fototeam Vollmer
Herausgeber: Hans Christian Meiser
ISBN 3-7607-1954-6

www.arsedition.de

Die Kalligrafien auf dem Umschlag sowie dem Vor- und Nachsatz bedeuten (von oben nach unten): Himmel – Erde – Mensch; der Stempel im Innenteil des Buches heißt: Nichts geschieht ohne Grund.

Weitere Titel in dieser Reihe:
Vom Glück, ein Kind zu haben
Vom Glück, ein schönes Zuhause zu haben
Vom Glück, Freunde zu haben
Vom Glück, geliebt zu werden
Vom Glück, gesund zu werden
Vom Glück, mit Blumen zu leben
Vom Glück, Zeit zu haben
Vom Glück der inneren Ruhe
Vom Glück der Lebensfreude